sobre o autor

Lester Bello inspira as pessoas com suas mensagens de realização pessoal há mais de 15 anos. Empresário bem-sucedido, Lester ensina princípios que têm ajudado corporações internacionais.

Atualmente é o editor e fundador da Bello Group International—um grupo empresarial baseado em princípios de excelência e integridade. Sua fé e a paixão pelo desenvolvimento pessoal são o núcleo de seu negócio e ministério. Como mentor, treinou outros empreendedores de sucesso ao longo dos anos através de seus programas. Um de seus maiores valores é o empenho em ajudar os outros a alcançarem o seu potencial, para viverem uma vida próspera e cumprirem o propósito de Deus.

Lester atualmente reside em Belo Horizonte, Brasil, com sua esposa Roane e seus dois filhos: Solomon e Valentina.

TODO SUPER-HERÓI TEM UMA HISTÓRIA DE ORIGEM, DE COMO ELE ADQUIRIU SEUS SUPERPODERES E COMO DECIDIU COMBATER O CRIME

tony stark

pode ser o melhor exemplo de engenhosidade humana.

dotado de
GRANDE INTELIGÊNCIA
e um espírito
ousado
stark
era um bilionário
que tinha tudo, usando
sua riqueza obtida a partir da
inovação armamentista em busca de
seus próprios caprichos
egoístas.

parece sucesso?
a ideia é boa, mas
ele é uma figura de ficção.

O REAL

DEUS CRIOU A HUMANIDADE. ELE SOPROU NA CASCA VAZIA DO HOMEM E O HOMEM RECEBEU A VIDA DO DNA DE DEUS.

LIVRO DE GÊNESIS

gên•e•sis (Nome)
A origem ou modo de formação de alguma coisa

A bênção soprada por Deus

capacitou a humanidade

Quando você percebê-la isso transformará toda sua vida

Deus criou você para o SUCESSO não para a derrota.

DEUS NÃO É ORDINÁRIO
MAS SIM EXTRAORDINÁRIO
ELE O CAPACITA A VIVER

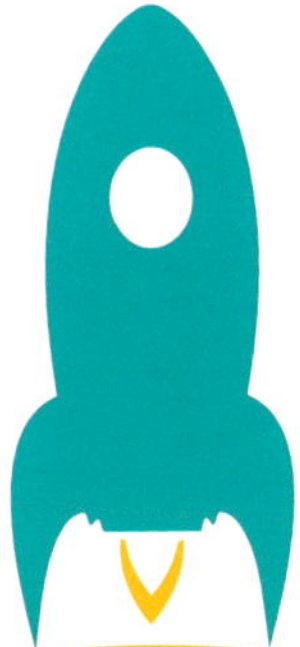

A CAPACITAÇÃO DE DEUS
É O QUE NOS DÁ A HABILIDADE
DE ROMPER COM O NATURAL

A fórmula secreta de Deus é o seu DNA na humanidade.

SE VOCÊ REALMENTE SABE DE ONDE VEIO E QUEM O CRIOU, SUA VIDA NÃO SERÁ A MESMA... nunca mais!

a humanidade deseja o ordinário

mas

DEUS O CRIOU PARA VIVER UMA VIDA EXTRAORDINÁRIA

"E Deus criou o homem à sua imagem, refletindo sua natureza."
Gênesis 1:27 - *The Message*

O pleno conhecimento
de quem você é
determinará
o seu índice e o seu nível de
sucesso.

★★★★★

Você não tem sucesso,
você é
feito de sucesso.

DEUS NÃO ESTÁ LIMITADO A UMA RELIGIÃO OU A UM

LUGAR FÍSICO

ELE É O CRIADOR DO UNIVERSO, O ONIPOTENTE, O TODO-PODEROSO, O MAIS PODEROSO, O CRIADOR DE TUDO, O PRINCÍPIO E O FIM.

Você é a

fórmula secreta

para o sucesso.

um dos artistas mais vendidos de todos os tempos, Elvis tornou-se um nome conhecido mesmo após sua morte.

Em 1954, Elvis ainda não era ninguém, e *Jimmy Denny*, gerente do *Grand Ole Opry*, despediu Elvis Presley depois de apenas uma apresentação, dizendo-lhe: "Você não vai a lugar nenhum, meu filho. Você deve voltar a dirigir um caminhão."

Elvis fez bem em
não ouvir
Ele ainda é um
sucesso

SE VOCÊ SE PERMITIR TER ÊXITO

VERÁ MAIS DO QUE PENSOU QUE PUDESSE VER.

THE BEATLES

Quando eles estavam apenas começando, uma gravadora os rejeitou. Eles disseram: "Nós não gostamos do som deles, e a música de guitarra está em decadência".

duas coisas das quais o resto do mundo não poderia ter discordado mais.

O QUE VOCÊ ACHA QUE ACONTECEU COM ELES? SUCESSO!

VOCÊ É O PRINCIPAL CONDUTOR DA SUA VIDA;

ASSUMA O CONTROLE ABSOLUTO DA DIREÇÃO.

DEUS LHE DEU AUTORIDADE.

BENJAMIN FRANKLIN

"CONDUZA O SEU NEGÓCIO OU ELE CONDUZIRÁ VOCÊ."

Steven Spielberg

foi rejeitado pela escola dos seus sonhos, a Universidade do Sul da Califórnia

por três vezes.

ELE PROCUROU OUTRO LUGAR PARA ESTUDAR E SAIU DE LÁ PARA SER UM DIRETOR DE CINEMA FAMOSO.

Não permita que os outros coloquem rótulos errados em sua vida.

Albert Einstein

não falou até os quatro anos e não leu até os sete.

Seus professores o rotularam:

'lento'

'mentalmente deficiente'

Mas Einstein simplesmente tinha uma maneira diferente de pensar.

$$E = mc^2$$

Mais tarde ele ganhou o prêmio

NOBEL DE FÍSICA

%$#@!&

QUANDO TODOS ESTIVEREM
RECLAMANDO OU
DISCUTINDO

★ **decida** ★
tomar uma atitude.

Não permita que ninguém do seu passado roube o seu futuro.

DESENVOLVA SUAS HABILIDADES
ESTEJA PRONTO
PARA FAZER O QUE FOR NECESSÁRIO
PARA TER ÊXITO.

Uma grande história a este respeito é a de Larry Page, do

Google

Ele já tinha uma ideia do incrível potencial das redes sociais, e isso ficou ainda mais claro quando o

friendster

passou a ser muito popular. Quando o Google se ofereceu para comprar o Friendster em 2003, Larry Page acabou não atuando no desenvolvimento de sua própria rede social. Quando Larry percebeu, já era tarde demais, porque o

facebook

havia capturado o mercado e ninguém mais teve uma chance contra este gigante das redes sociais em expansão.

Quem imaginaria que
BILL GATES,
um dos bilionários mais conhecidos atualmente,
teria cometido o grande erro de
IGNORAR
o potencial dos sites de busca?

QUANDO A INTERNET ESTAVA APENAS COMEÇANDO, A MICROSOFT OPTOU POR CONCENTRAR-SE NO DESENVOLVIMENTO DE UM NAVEGADOR, AO INVÉS DE DESENVOLVER O SEU PRÓPRIO SITE DE BUSCA. ASSIM, A GOOGLE BATEU A MICROSOFT NESTE TERRITÓRIO, TRIPLICANDO RAPIDAMENTE SUA RECEITA LOGO DEPOIS DE SUA CRIAÇÃO.

BILL GATES
PERDEU UMA OPORTUNIDADE
BILIONÁRIA

NÃO DEIXE QUE

NINGUÉM LHE DIGA

QUE VOCÊ NÃO PODE

SER BEM-SUCEDIDO.

NA PRIMEIRA VEZ QUE JERRY SEINFELD SUBIU AO PALCO, ELE FOI VAIADO PELA MULTIDÃO QUE O RIDICULARIZOU. COM O TEMPO, ELE SE TORNOU UM HUMORISTA FAMOSO E ESTRELOU UM DOS MAIS AMADOS SERIADOS CÔMICOS DE TODOS OS TEMPOS.

não julgue um livro pela capa.

hoje a marca Disney gera bilhões em renda decorrente de mercadorias, filmes e parques temáticos em todo o mundo, mas o próprio Walt Disney teve um começo bastante árduo

ELE FOI DESPEDIDO PELO EDITOR DE UM JORNAL POR

"NÃO TER IMAGINAÇÃO NEM BOAS IDEIAS".

DEPOIS DISSO, DISNEY INICIOU UMA SÉRIE DE NEGÓCIOS QUE NÃO DURARAM MUITO E TERMINARAM EM FALÊNCIA E FRACASSO. NO ENTANTO, ELE CONTINUOU TENTANDO, E FINALMENTE ENCONTROU UMA RECEITA PARA O SUCESSO QUE FUNCIONOU.

Oprah Winfrey

foi despedida de seu emprego como repórter de televisão porque lhe disseram que ela não ficava bem na tela. Mas Winfrey se levantou novamente e se tornou a rainha dos talk-shows da televisão. Ela também é bilionária.

APENAS PORQUE NÃO DEU CERTO NA PRIMEIRA VEZ, NÃO SIGNIFICA QUE NÃO ERA PARA VOCÊ FAZER.

NÃO SIGA O SUCESSO DOS OUTROS, CRIE O SEU PRÓPRIO SUCESSO.

STEPHEN KING

FICOU TÃO FRUSTRADO COM SEU PRIMEIRO ROMANCE QUE O JOGOU NO LIXO

Sua esposa encontrou o manuscrito no lixo e o tirou de lá.

ATÉ HOJE SEUS 49 ROMANCES VENDERAM 35 MILHÕES DE CÓPIAS

ESTÁ CLARO QUE O SUCESSO ESTÁ EM VOCÊ, E VOCÊ PRECISA DESCOBRIR (OU REDESCOBRIR) O QUE DEUS COLOCOU EM SEU INTERIOR.

TODO SUCESSO ESTÁ DENTRO DE VOCÊ.

ESPIRITUALMENTE, SANSÃO PERDEU O FOCO DO CHAMADO DE DEUS EM SUA VIDA E DESISTIU DE SEU MAIOR DOM – A SUA FORÇA FÍSICA SOBRE-HUMANA – PARA AGRADAR A MULHER PELA QUAL ESTAVA APAIXONADO. ISSO LHE CUSTOU SUA VISÃO FÍSICA, SUA LIBERDADE, SUA DIGNIDADE E, NO FIM, SUA VIDA. SEM DÚVIDA, QUANDO ELE SE SENTOU NA PRISÃO, CEGO E FRACO, SANSÃO SENTIU-SE UM FRACASSO.

NUNCA É

NO FINAL DE SUA VIDA, CEGO E HUMILHADO, SANSÃO FINALMENTE PERCEBEU SUA DEPENDÊNCIA TOTAL DE DEUS. ANTES ELE ESTAVA CEGO, MAS AGORA PODIA VER. NÃO IMPORTA QUÃO LONGE VOCÊ ESTEJA DE DEUS, NÃO IMPORTA O TAMANHO DA SUA FALHA, NUNCA É TARDE DEMAIS PARA SE HUMILHAR E VOLTAR A DEPENDER DE DEUS. SANSÃO TRANSFORMOU SEUS MISERÁVEIS ERROS EM VITÓRIA.

TARDE DEMAIS.

Orville e Wilbur Wright

Estes irmãos lutaram contra a depressão e a doença na família antes de iniciarem a loja de bicicletas que os levaria a fazer experiências com o voo. Depois de inúmeras tentativas de criar máquinas voadoras, vários anos de trabalho árduo e toneladas de protótipos fracassados, os irmãos finalmente criaram um avião capaz de levantar voo e se manter no ar.

Nenhuma pessoa na terra pode
lhe dizer o que fazer.
Só você pode decidir
SER BEM-SUCEDIDO.

NA VIDA

VOCÊ COMEÇOU

engatinhando,
depois deu um passo,
depois você andou,
e depois correu.
Depois disso há mais um passo...

VOE

família

Não há nada melhor do que ser BEM-SUCEDIDO com aqueles que o amam.

QUANTO MAIS FELIZ VOCÊ FOR, MAIS BEM-SUCEDIDOS SUA FAMÍLIA E VOCÊ SERÃO.

uma vida bem-sucedida

uma família bem-sucedida

EQUILÍBRIO ENTRE O

ÀS VEZES É DESAFIADOR.

INVISTA TEMPO PARA QUE O SEU PROPÓSITO ALCANCE O SUCESSO, MAS NÃO FAÇA ISSO SACRIFICANDO

SUA FAMÍLIA.

Estar na posição mais elevada não lhe dá o direito de abandonar sua

família.

A família é parte de você, mas também o completa totalmente

A família é a primeira célula essencial da sociedade humana.

Papa João XXIII

O PODEROSO CHEFÃO

don corleone

"Um homem que não passa tempo com sua família nunca poderá ser um homem de verdade."

O MAIOR INVESTIMENTO DE UMA PESSOA DE SUCESSO NÃO ESTÁ EM DINHEIRO PROPRIEDADES NEGÓCIOS MAS SIM EM SUA FAMÍLIA

TUDO O MAIS VEM DEPOIS.

"SUCESSO É QUANDO VOCÊ ALCANÇA SEUS OBJETIVOS CORRETOS."

LUIS E. BELLO PAI

48 ANOS DE CASAMENTO
48 ANOS DE MINISTÉRIO

MEU MENTOR PESSOAL DE VIDA.

NÃO SUBESTIME O MOTIVO DE DEUS PARA CRIAR VOCÊ. O MOTIVO ERA VER VOCÊ E A SUA FAMÍLIA TEREM UMA VIDA COMPLETAMENTE BEM-SUCEDIDA.

VOCÊ É CRIAÇÃO DE DEUS E TERÁ SUCESSO EM TODAS AS ÁREAS DA VIDA.

O objetivo final é

desfrutar o sucesso com a família. Desfrutem de momentos juntos, rindo juntos, ficando juntos.

EU E MINHA CASA

SERVIREMOS

AO

SENHOR

JOSUÉ 24:15

Em fevereiro de 2012, na Escócia, uma mulher de 49 anos teve um ataque **cardíaco fatal.**

Depois de ser levada às pressas para o hospital e de três horas tentando revivê-la, os médicos declararam-na **morta.**

Os membros da família se reuniram para dizer-lhe adeus, inclusive seu marido de 58 anos, John. 45 minutos depois de sua esposa ter sido declarada morta, ele debruçou-se **sobre ela e disse que a amava.**

Nesse momento, os membros da família disseram que ela **abriu os olhos** e pareceu mais viva do que nunca. A princípio, as enfermeiras disseram que era um movimento involuntário, mas a família exigiu ver um médico.

Ele a mandou para a unidade de tratamento intensivo e pôde reanimá-la completamente. Ela está se recuperando e os exames não indicaram nenhum dano cerebral.

Mesmo durante as piores situações, tudo é possível.

Sucesso tem menos a ver com o que temos, e mais a ver com quem somos.

Nós ansiamos pelo **sobrenatural** porque fomos criados pelo soberano.

Os cinemas ficam lotados quando estreiam filmes de super-heróis

'Homem de Ferro 3'
'Os Vingadores'
'O Cavaleiro das Trevas'

renderam cada um

U$ 1 Bilhão em todo o mundo

QUANDO CRIANÇA, STEVE ROGERS CONTRAIU POLIOMIELITE. EMBORA ELE TENHA VENCIDO A DOENÇA, MUITAS VEZES FATAL, SEU CORPO FICOU MUITO FRACO. NO ENTANTO, APESAR DE SUA PEQUENA ESTRUTURA, ROGERS TINHA UM ESPÍRITO INDOMÁVEL E UMA FORÇA DE VONTADE QUE O LEVOU A TENTAR, INÚMERAS VEZES, INSCREVER-SE NO EXÉRCITO AMERICANO, POIS ELE DESEJAVA ARDUAMENTE LUTAR POR SEU PAÍS NA II GUERRA MUNDIAL.

APÓS INÚMERAS REJEIÇÕES DEVIDO À SUA SAÚDE PRECÁRIA, ROGERS FINALMENTE ENCONTROU O PROJETO RENASCER – UM PROGRAMA EXPERIMENTAL DESTINADO A TRANSFORMAR SEU CORPO FRACO EM UM SER HUMANO PERFEITO, UM SOLDADO DE ALTA PERFORMANCE E DE FORÇA EXTREMA. O PROJETO FOI UM SUCESSO. INFELIZMENTE, É UMA HISTÓRIA DE FICÇÃO.

A HISTÓRIA REAL

Jesus

foi a pessoa mais importante que já viveu.

Sua vida, morte e ressurreição

literalmente transformaram o curso da

história humana.

Ele nos deu a oportunidade de renascer, transformando nossas fraquezas em capacidades de alta performance.

Somos super-humanos.

acreditar nele é a chave para ter sucesso na vida.

NÃO COLOQUE DEUS EM UMA CAIXA

domingo

9

NÃO O RECONHEÇA APENAS AOS DOMINGOS OU DURANTE OS EVENTOS ESPECIAIS. PARA SER BEM-SUCEDIDO VOCÊ PRECISA MERGULHAR NELE E DEIXAR QUE ELE TRANSFORME A SUA VIDA. SUCESSO É PERMITIR QUE O CRIADOR DA VIDA ESTEJA ENVOLVIDO COM TODA A SUA VIDA.

VOCÊ ESTÁ CAPACITADO com o EXTRAORDINÁRIO PARA TRANS F O R M A R!

emoções/
mente
físico
caridade
finanças
família
espiritualidade
relacionamento
educação
negócios/ carreira

FATOR  VOCÊ

DICAS DE SUCESSO

LEMBRE-SE DE QUE VOCÊ É UM SUPER SER HUMANO CAPACITADO PARA FAZER GRANDES COISAS.

NÃO DESPERDICE TEMPO DANDO IMPORTÂNCIA AO QUE AS OUTRAS PESSOAS ESTÃO PENSANDO

PENSE SOBRE VOCÊ E SUA FAMÍLIA

NÃO TENTE FAZER MUITAS COISAS DE UMA VEZ SÓ

FOCO

SEU DESENVOLVIMENTO PESSOAL É IMPORTANTE

COM ELE VOCÊ TERÁ

SUCESSO ILIMITADO

Para dar continuidade ao seu desenvolvimento pessoal, acesse:

lesterbello.com

PREPARE-SE PARA O SUCESSO

1. O que você realmente quer ser e fazer?

2. O que você *está* fazendo para alcançar esses objetivos?

3. O que você *não está* fazendo que está impedindo-o de chegar lá?

4. O que você *fará* de diferente amanhã para encarar esses desafios?

RESSUSCITE OS SEUS SONHOS • HOJE! •

E deixe que aqueles que pensaram que você não conseguiria vejam isso e **se alegrem com você!**

VOCÊ TERÁ ÊXITO E SERÁ BEM-SUCEDIDO EM TODAS AS ÁREAS DA VIDA!

o sucesso
começa
com você.

Você é cheio
de toda a plenitude de Deus

Você é capaz de fazer
infinitamente mais
do que tudo o que
pediu ou
pensou,
de acordo com o
poder que atua em você.

AUTOR
LESTER BELLO

TRADUÇÃO
MARIA LUCIA GODDE
IDIOMAS & CIA

REVISÃO
IDIOMAS & CIA

DESIGN/
DIAGRAMAÇÃO
SAMUEL MATOS

IMPRESSÃO E
ACABAMENTO
EDELBRA GRÁFICA

SAIBA MAIS
LESTERBELLO.COM

BELLO

BELLO, LESTER

B446 SUCESSO:
VIVA O EXTRAOR-
DINÁRIO / LESTER
BELLO;

TRADUÇÃO DE MARIA
LÚCIA GODDE / IDIO-
MAS & CIA.
BELO HORIZONTE:
BELLO PUBLICAÇÕES,
2013.
64P. - TÍTULO ORIGI-
NAL: SUCCESS

1 SUCESSO - AUTO-AJUDA,
ASPECTOS RELIGIOSOS.
I. TÍTULO.

CDD: 158.1
CDU: 159.9:230.112

ISBN-979-85-61722-00-4